任务教学法在跨文化课程中的应用研究

董元元◎著

吉林出版集团股份有限公司

图书在版编目（CIP）数据

任务教学法在跨文化课程中的应用研究 / 董元元著
. -- 长春：吉林出版集团股份有限公司, 2022.12
　　ISBN 978-7-5731-2928-4

　　Ⅰ.①任… Ⅱ.①董… Ⅲ.①英语课—教学研究—中
小学 Ⅳ.①G633.412

　　中国国家版本馆CIP数据核字(2023)第035067号

任务教学法在跨文化课程中的应用研究

RENWU JIAOXUE FA ZAI KUA WENHUA KECHENG ZHONG DE YINGYONG YANJIU

著　　者　董元元
出 版 人　吴　强
责任编辑　刘东禹
开　　本　880 mm × 1230 mm　1/32
印　　张　2.5
字　　数　50千字
版　　次　2022年12月第1版
印　　次　2023年8月第1次印刷

出　　版　吉林出版集团股份有限公司
发　　行　吉林音像出版社有限责任公司
　　　　　（吉林省长春市南关区福祉大路5788号）
电　　话　0431-81629667
印　　刷　吉林省信诚印刷有限公司

ISBN 978-7-5731-2928-4　　定　价　48.00元

如发现印装质量问题，影响阅读，请与出版社联系调换。

前　言

　　语言是交际的工具之一，学习英语的目的是运用英语进行交际，而在交际过程中，文化差异常会造成交际双方的误解，这也是交际中的主要障碍，因此，英语学习者还需要具备克服文化差异的能力，即跨文化能力。英语教学的终极目标是培养学生的语言应用能力，即听、说、读、写、译的综合能力。语言应用能力是交际能力的保证，而文化差异影响着学生语言应用和交际的能力，因此，培养学生在跨文化语境中运用英语进行有效交际的能力（即跨文化交际能力）至关重要。能力是一项涉及认知、情感和行为的综合素质，只在语言教学中渗透文化内容不能完全实现能力培养这一教学目标。对英语学习者而言，学习语言也就是学习文化。学习一门外语的过程，也是了解和掌握对象国家文化背景知识的过程。掌握对象国家的文化背景知识的程度是能否得体地运用语言的前提，直接影响到一个人语言知识的使用能力。

　　本书着重探究如何在跨文化双语课程中贯穿任务教学法，使用自主研发的 PALS 课堂模式，将课堂时间归还给学生，真正做到以学生有效学习为中心，切实提升学生的多重能力。

在本书撰写的过程中，得到了多方力量的帮助与支持！正是由于他们的启发和引导，本书才得以最终完成，在此表示衷心的感谢。由于时间和精力有限，书中难免有欠缺之处，敬请各位读者和同人予以批评指正。

目　录

第一章　不同文化下的语言 ……………………………………… 1

　　第一节　语言的概述 ………………………………………… 1

　　第二节　文化的内涵与成因 ……………………………… 3

　　第三节　语言与文化 ……………………………………… 10

第二章　语言能力与双语教学 ……………………………… 14

　　第一节　交际能力的概念和发展 ……………………… 14

　　第二节　交际语言教学 ………………………………… 17

　　第三节　以内容为依托的外语教学法 ………………… 22

第三章　任务教学法与PALS教学模型构建 ……………… 29

　　第一节　PALS模型的基本理念与方法 ……………… 29

　　第二节　PALS模型任务设计的基本原则 ………… 31

　　第三节　PALS模型基本框架 ……………………… 33

第四章　PALS模型的教学实践 ·········· 38

　　第一节　PALS模型与跨文化沟通能力进阶 ········ 38

　　第二节　PALS模型融合社交媒体教学的行动研究　42

第五章　PALS模型的延伸思考 ·········· 53

　　第一节　PALS与新媒体融合的传播效应 ·········· 53

　　第二节　PALS模型与可复制的延伸能力 ·········· 61

参考文献 ············· 68

第一章　不同文化下的语言

第一节　语言的概述

语言是人类生活中不可或缺的载体，从远古时代起，我们的祖先就开始用象形文字记录他们的日常生活和社会风俗。今天我们的生活更是离不开语言。语言是我们表达爱与憎、记载今与昔的有效手段，也是我们计划生计、沟通思想、交流经验和展望未来的文字记录。当今世界，多会一门语言便多有一种技能，多有一分机会。准确地表达自己、展现自己在当今世界变得越发重要。走出国门，语言意味着就业的机会、知识的扩展。语言是一个人才能展示和竞争的优势。因此，越来越多的人学习更多的语言。

一、语言的定义

何谓语言？这是一个语言学界首先要解决的问题，也是语言教学和英语教学论要论述的基本问题。语言的问题历经无数专家学者数百年乃至千年的研究，从这些专家学者留下的诸多书籍文献里可以看到这个答案的影子，他们在不同的时代从不同的角度给语言下了定义。一种定义反映了一种观点、一个范畴、一种浓缩的理论、一个时期的研究成果。

二、语言的特性与结构

语言是一种独特的、任意的、象征性的人类符号系统。语言的系统性意味着语言受规则支配。语言的任意性是指语言和语言单位的含义两者之间没有逻辑关系。语言是任意的，语言单位只是符号。语言是声音，这意味着语言主要是指口语，而书面语言或"文本"则是其次。语言的系统性意味着语言受规则支配。语言对人类来说是独一无二的。只有人类才有语言。动物之间的交际系统与人类语言之间存在着天壤之别。

从内部结构的角度来看，语言是一种符号系统，但在信息量和结构与功能的复杂性方面，远非其他符号系统，如摩尔斯电码、旗语、灯光信号或交通信号等所能比及，后者对语言来说是第二性的。语言系统是一个复杂的整体，由各种分支系统或级别组成，如音素级别、词汇级别和语法级别。语言组件通过各种关系连接，组件和关系彼此相关并相互约束以形成有序系统。语言单元作为符号有两个重要方面：一是表现方面，即语音；二是内容方面，即语意。在语言单元中，声音和意义的结合是有规则的，什么样的意义以什么形式的语音表达，以及什么样的意义以什么形式的言语表达。目前世界上有数千种语言。正面临着逐渐消失的危险。世界上有多达数千种语言的原因是人类创造语言时选择的语音形式与表达的意义内容不一致，从而形成了不同的语言。语言的内部结构是区分一种语言与另一种语言的关键。如果不理解语言的内部结构，就不可能识别语言或写出语言的符号并从中获得语意。人类创造语言时，选择的语言形式与表达的意义内容不一致，从而形成了不同的语言。例如，不了解英语内部结构的人很难区分不同组合中 26 个字母的含义；不懂中文的人只会将汉字视为奇怪的线条组合。然而，理解语言内部结构的符号系统并不意味着完全理解语言符号的意义，即语意。除理解和掌握语言的内部结构外，语意的表达或理解还需要理解和掌握语言的外部结构，即文化结构。语言的文化结构是指使用该语言的人的生活方式的总和，包括地理、民俗、寓言神话、社会和历史的发展、习俗、宗教信仰、价值观、科学和技术、文学和艺术。生活在不同文化环境中的人对相同的语音或文本符号有不同的理解。

第二节　文化的内涵与成因

一、文化的内涵

（一）文化的界定

文化是一个非常复杂的现象。文化从物化的角度或结果的角度可以分为广义文化和狭义文化。

1. 广义文化

广义文化是对文化成果的全面认识。过去，中国常被称为"文物申报国"，对文化有着广泛的了解。现如今，广义文化是对文化的最大理解，包括所有人的活动、活动方式和有意识的创造成就。具体来说，它是生产过程、生活过程以及生产过程和生活过程中显示的生产方式、沟通方式和生活方式及活动的结果。

从上述可以看出，广义文化应包含以下三个层面。首先，文化是一个活动过程，即人们各种有目的和有价值的活动，包括改造自然的活动、改造社会的活动，以及人们自身的转变活动。其次，文化乃是改变自然、社会和人类精神世界的一种行为方式，如生产方式、沟通方式、生活方式、思维方式和行为方式。最后，文化是一项创造性的成就。文化作为结果有许多内涵，如认知（语言、哲学、科学思想、教育）、规范（道德、信仰、法律）、艺术（文学、艺术、音乐）、戏剧、建筑、美学、工具（生产工具、食品、服装和运输设备，以及制造这些工具和器具的技术）、社会（机构、制度、习俗）等。

2. 狭义文化

狭义文化是相对于广义文化而言的。它有两个基本限制，一个是强调文化的丰富性，另一个是强调文化的精神和观念。 换言之，狭义文化是一种精神结果和一种精神成就。就精神层面而言，文化是一种信息传播和保存的系统，既有智力特征，也有理论思维和思维方式的特征。它是一般文化的记录，是整个文化形成的内在基础和思想原则。需要强调的是，在理解狭义文化时，不能把精神文化简单地理解为一种知识。知识虽然是狭义文化的重要组成部分，但文化不能简单地概括为知识。意大利现代思想家葛兰西说："文化不是知识的混合体，而是完全不同的东西，它是一个人的内在自我修养；它是一个人的人格的占有；它是一种超越意识的征服，在实现这种征服的地方，了解一个人在历史上的价值所在。生命、权力和责任的作用。这是可能的。"的确，我们必须将精神文化视为一种动态过程、一种创造力，它是体现主体精神、认知、情感、意志和理性的统一，是理解能力、思维方式和价值观的统一。

（二）文化的结构

文化结构是研究文化的重要课题之一，根据文化的起源、发展和变化，学术界有不同的观点。我们都知道语言是文化的一部分，同时也是文化的载体。近代以来，国内外许多学者对文化结构进行了研究和探讨，大体上有以下几种代表性观点。

1. 二分说

根据文化性质，文化结构分为两个层次：物质文化（或生产文化）和精神文化。两者是相互影响，相互促进的。精神文化的丰富与物质文化的基础和保障是分不开的，物质文化的丰富必须通过精神文化来表达和加强。

2. 三分说

三分说细分了制度文化，这种制度文化源于对国家治理和规范社会行为的需要。它通常体现在人们的社会概念中，因此也被称为概念文化。

3. 四分说

文化的结构除以上两种外，还出现了四分说，即物质文化、制度文化、风俗习惯、思想与价值，而制度文化、风俗习惯和思想与价值三个方面是从精神文化层面延伸出来的，它们共同完善了文化的结构内涵。

以上几种观点中，学术界所普遍认同的是三分说和四分说，这两种观点能精确、简明地表达文化的结构。

简言之，文化是一种历史现象，每个社会都有一种与之相融的文化。文化是随着社会物质生产的发展而发展的。在学习英语的过程中，我们应该更多地了解英语国家的文化，包括这些国家或地区的历史演变、政治经济制度、社会习俗、宗教艺术和技术成就。

此外，一些学者将文化结构理解为金字塔结构，即在物质文化、制度文化和精神文化的基础上增加最高水平的"理想文化"，被认为等同于金字塔的基础塔身、塔顶和尖顶。其中，基础在于反映人与自然关系的物质文化；支持点在于制度文化；高繁荣主要体现在精神文化的丰富性和多样性上；最高的追求是理想文化的塑造和实践过程，这四个部分是相辅相成，必不可少的。首先，只有在一定的物质基础上，文化才能以稳定的方式发展和过渡，以满足人们对精神文化的需求，促进精神文化的发展，同时促进经济的再发展。其次，制度文化的完善，是文化向标准化发展的保证，是发展先进文化的必然原则。精神文化的创造者应不断创造各种精神文化产品，良好营造文化消费氛围，服务于文化的发展，提高民族文化的力量，满足人们的文化消费需求。最后，努力构建理想文化，最终使人类实现认识尺度的统一。

（三）文化的特性

文化与语言具有相同的特征。第一，文化是人类独有的。广义上的文化是人与自然的区别，虽然通过研究发现动物中有某些机构和组织，但它们远远不能被称为"文化"。第二，文化是一种社会现象。这里强调的是社会与自然之间的对立，文化是人类社会成员之间合作的产物。例如，石油是一种天然物质，但当它被探索、开采、精炼，变成汽油或煤油时，就变成了一种文化产品。第三，文化具有民族性。不同民族有不同的文化特征，这是文化的民族性。文化的民族性既体现在文化的外在风格上，也体现在文化的内在精神中。民族文化的外在风格指的是文化的表面特征，如语言、服装、行为模式和其他可以表现的外在形式；民族文化的内在精神指的是文化的内在本质，如思想、思维方式等可以表现的理性的事物。第四，文化具有区域性。人是文化的主体，也是文化的创造者。人类文化创造的过程是人与自然之间物质和能量的交换过程，也是人类吸收和整合自然信息的过程。自然环境对人们的心理、行为和生活都有一定的影响。例如，山给人以崇高的形象，平原给人以开放和放松的感觉，水给人以恬静和智慧的品格，这些都是文化的内涵。第五，文化具有时代性，文化的时代性就是文化的历史性。任何人类活动都是在一定的历史条件下进行的。因此，文化是一个社会和一个时代的产物，是一个历史概念。由于每个时代都有其独特的物质生产方式、人与自然的特殊关系、人与人的特殊关系，因此文化有其特殊性，即文化的时代性。

世界各族人民同属人类，在同一个地球上生活，有很多共同之处。这些共性既是文化共性，也是我们对不同文化进行比较的基础。文化的特殊性和共性是事物的两个方面。我们在强调文化的民族性和特殊性的同时，也不能忽视文化的共性。文化也有历史遗产，每一代都继承了其前辈的文化遗产，但这并不意味着文化在其悠久的历史中保持不变。事实上，文化在不断变化、不断产生新物质、不断形成新思想、不断涌现新知识。但是无论文化如何变化，总有历史痕迹。

最后要指出的是，文化是一个普遍而抽象的术语。

二、文化的成因

文化是如何产生的呢？许多学者认为，地理环境在文化发展过程中起着决定性的作用。现代美国地理学家亨廷顿特别关注气候对文化的影响。他在 20 世纪早期出版的《气候因素》《文明与气候》和《文明之源》的作品中指出，太热、太干燥、太冷、太潮湿的地区，如雨林、沙漠地区、北极圈等，很难有较高的文化；气候适宜文化发展，温度应该是在 $3.3℃ \sim 17.7℃$，湿度平均在 75。此外，英国历史哲学家在《研究史》一书中，结合世界上 26 种文明兴衰的历史提出逆境理论和"挑战与反应"，作者认为环境或条件的困难构成挑战，成功的回应会创造一种文化，但如果挑战太过残忍，那么成功的回应并不容易。由此，可以看出，文化是人类适应环境、谋求生存和发展的努力与结果。这里的环境不仅是指地理（自然）环境，也指社会（人类）环境。人类生存和发展的需求逐渐从简单到复杂，从单一到多样化，为了满足物质需求，也对精神层面提出了更高的要求。这为人类文化的发展提供了动力。

第三节　语言与文化

语言学家从语言本质的角度讨论语言的功能。作为人们共享的象征系统，语言是文化的产物，是文化的重要组成部分。因此，从文化的角度来看，语言具有重要的文化功能。在此，我们从以下几个方面讨论语言和文化之间的关系。

一、语言是一种社会文化现象

语言属于社会和文化现象，是文化的重要组成部分。文化包括物质文化和精神文化。语言在物质文化中的作用并不明显，但对于精神文化建设非常重要，语言是精神文化产生和发展的必要先决条件之一。与此同时，语言是人类通过在进化过程中转化客观本质而创造的精神财富。语言和文化都是人类社会所独有的，也是人类与其他生物不同的重要指标，它们相互补充，又有所不同，但两者具有不同的规模，具体表现是语言反映和表达某种文化，即语言反映文化，体现文化心理的诸多特征，但同时又影响着文化心理的要素；文化是语言生成和发展的机制，但语言的交换又为文化的多样性增添了新的内容。语言是沟通和交流的主要工具，文化是通过语言表达的。一般来说，如果文化是涉及人类生活各个方面的大型系统，那么语言就是这个大系统的一个子系统。

二、语言反映生存环境

文化的形成离不开自然地理环境的影响。特定的地理环境创造了特定的文化，也反映了语言中特定表达的形成。正如爱斯基摩人拥有大量和雪有关的词汇一样，人们的语言也反映了自然的生活环境和山区文化或畜牧业的生活方式以及物质文明。

三、语言是文化的凝聚体

语言的社会属性使其成为文化的载体。文化通过语言来表达。人类的一切文化活动和文化创作都离不开语言，民族文化的发展成果也是在语言中不断凝聚和积累的。任何语言都是由一个民族创造的，是某些民族精神创造活动的结果。语言充满了民族的文化精神和文化心理，是民族世界观的体现。人们对外部物质世界的感知和理解，在改造物质世界中的感受和经验都反映在语言世界中。语言世界是人类创造物质世界的镜像，具有人类的所有创造精神。物质成就和精神世界都存在于语言中，并以语言的形式呈现。因此，语言是所有文化精神和人类成就的总和。

四、语言与文化互相影响

语言对文化的影响主要体现在其在文化建构和传播中不可替代的作用。为了构建文化，人们必须先了解客观世界，了解客观世界离不开思维活动，而语言是思维活动的外壳。因此，思考的结果必须附在语言上。当个人思想发展成集体财富并由集团共享时，它就形成了一种文化。当然，思想和交流的媒介不仅仅是语言，还有许多其他方式，如符号、手势、图片等，但这些媒介有很多局限性。此外，语言在文化交流中的作用也很明显。现在，随着世界全球化的不断发展，不同的文化不断地相互交流、碰撞并相互作用，这种趋势正变得越来越明显。从发展的角度来看，这种情况为促进和发展人类文化提供了有利的机会。如果文化被封闭，那么就只能加速语言自身的衰落。不同文化之间的沟通是由语言引导的，不同文化之间实际上是不同语言的交流。因此，只有掌握其他民族的语言，才能了解其他民族的文化。

此外，文化对语言有着重大的影响。文化多方面地影响着语言，在文化环境中，生活环境是一个重要方面。由于生活环境的不同，在某些语言中可能有许多用来表达某种事物的词，但在其他语言中只能使用一个词。

第二章　语言能力与双语教学

第一节　交际能力的概念和发展

交际能力论从提出到广为接受，可以说是语言研究的发展与社会需求的拓展相互作用下的历史必然。其中，一定语境下习得者的语言能力、语用能力、话语或语篇能力以及语言的负迁移等影响着使用英语进行社交活动的得体性和有效性。

一、交际的定义

"交际"（communicate）一词汇来源于拉丁语 commonis，是 common（共同）的意思，所以"communication"与外语词汇 commonality 和 commonness（共同）有密切的关系。"共同"或"共享"是交际的前提，既然人们要进行交际，那么就必须"与他人共同分享或共享共同的信息"。而且，只有同一文化的人们才能在很多方面有共享的信息，才能进行有效的交际。从这一点可以看出，"共同"的内涵与"交际"

和"文化"的内涵是一致的。在汉语中没有与communication相对应的词，但可以被翻译成交际、交流、传播、沟通、通信等，都具有双向的特点，与共同和共享有关系。

　　这里对"交际"这一概念的理解来源于一位学者的跨文化交际理论中对其的阐述。他对交际的假设是：①符号是人们交际时使用的主要手段，任何符号都可以用来进行交际。②有些行为是有意向的，而有些行为是没有意向的。③交际是一个编码和译码过程，信息交流是一个编码和译码的心理活动。④交际行为是文化和社会行为，它必然发生在社会之中，并受社会众多因素的影响和制约。⑤交际活动是有规律可循的。⑥交际过程中，交际者可以对对方交际行为的结果做出预测。⑦交际是文化的一部分，二者都是符号系统。⑧人们在相互交际时，可能会出现这样或那样的问题或障碍，这些问题或障碍可能与交际渠道无关，也不是语言系统的差异所致，也可能与语码无关，可能是由文化、社会、环境或心理因素所造成的，也可能是由情景因素所造成的。一方面是因为交际双方可能对文化环境缺乏共识；另一方面也可能因为双方在这两方面存在差异。作为语言课程设计者或语言教师，了解交际的内涵十分必要，无论母语教学还是第二语言教学，其终极目的都是交际。一些来自英、美的外籍教师指出，中国人说外语的问题不在于语法或语音，而是说外语的方式。

其实，说外语的方式，我们可以理解为以第二语言为符号的交际方式，人们交际能力的习得与人们的社会化同时进行。交际是人们赖以生存，社会赖以活动，文化赖以传播、继承和储存最重要的工具，人们通过交际建立内部和外部世界。简言之，交际是符号活动，是一个动态多变的编码、译码过程，当交际双方把意义赋予言语或非言语符号时，就产生了交际。交际受文化、社会环境、情景和心理等多种因素制约。交际不一定以主观意识为转移，有时可能是无意识和无意向的活动。

二、交际能力研究

海姆斯最早提出交际能力的概念，认为交际能力属于语言使用者的能力范畴，他们所掌握的语言知识可令其在特殊语境下实现人与人之间信息的传递和诠释，达到彼此沟通的目的。海姆斯提出了语法性、可行性、得体性和现实性四种构成交际能力的要素。卡纳尔和斯温充实了海姆斯的交际能力理论，他们给出的定义与语言教学的关系更加密切，应该归为应用语言学范畴。

卡纳尔定义了交际能力的四个内容：语法能力、社会语言能力、语篇话语能力和策略能力。①语法能力是指掌握语言语法规则，包括词汇、句法、语音和拼写等。②社会语言能力是指如何在不同的社会语境下产生和理解语言，涉及参与者的地位、交际目的和交际的规则与传统。③语篇话语能力是指把说和写组成意义。④策略能力是指为了达到交际目的的语言操纵能力。

巴克曼认为，语言交际能力由三部分组成：语言能力、策略能力和心理生理机制。在这三个层次中，语言能力由一组具体的语言知识组成。策略能力是指在真实的语言交际过程中，运用各种语言知识的心理能力，因此策略能力是将语言知识运用于交际目的的手段。心理生理机制是指语言交际使用时作为物质现象（声音、光）所牵涉的神经和心理的过程。

从以上对交际和交际能力的介绍中，我们可以看出，交际理论包括语言交际能力，语言交际能力是重要的交际手段但不是全部，所以，在外语教学中，我们不但要从语言角度培养学生的交际能力，还要注意弥补非语言交际能力的培养。

第二节　交际语言教学

一、交际语言教学的概念

语言在社会中的功能是指语言行为，即用语言叙述事情（做事）和表达思想。人的语言行为，用语言做事和表情达意是从表达思想内容出发的，而不是从语言形式出发的。例如，表示询问、介绍、能与不能、喜欢或不喜欢、请求、邀请、正确或错误、同意或拒绝、感谢或道歉、希望与失望等。交际语言教学初创时称为功能法，功能法是以语言功能项目为纲，从而培养交际能力的一种教学方法体系。由于功能法又以意念为主要线索组织教学，所以又叫意念法。意念是功能作用的对象，是指从特定的交际需要和目标出发，规定所要表达的思想内容。它可以通过提问"谁"或"什么"来确定。例如，同意什么？希望什么？邀请谁？向谁道歉等。由于功能这个概念在欧洲人文科学中常是意念、语意单位的同义词，所以功能法也叫"语意—意念法"，或叫"功能—意念法"。功能和意念两个要素在运用语言叙述事情、表达思想的交际过程中相互联系。例如，询问邮局的方位：Is there a post office near here? 询问是功能，邮局和附近是意念。由于交际功能是语言在社会中运用最根本的功能，而交际能力又是外语教学的最根本目标，所以功能法又称交际法。有些教法学的专家认为，使用交际法的名称比使用功能法的名称更能体现掌握交际能力的精髓。也正因为功能法或"功能—意念法"的教学目标是发展学生的交际能力，所以当今外语教学界普遍称之为交际语言教学。

二、交际语言教学法

交际语言教学法自 20 世纪 70 年代形成以来被很多国家接受和采用，由于各地的具体教学情况不同，应用交际教学模式的具体方法也不尽相同，交际语言教学法在全球的外语教学实践中演化为强势交际观和弱势交际观。

（一）强势交际观

强势交际观把语言学习看作交际活动的结果，即通过交际活动习得交际能力，不主张对语言结构进行有意识的学习，这种学习模式非常接近自然状态下的语言习得。一位英籍印度语言学家 1979 至 1984 年间在印度南部班加罗尔地区进行了外语作为第二语言的交际外语教学试验。该试验要改革传统语言教学以语法结构教学为主要内容的模式，希望通过创造一种条件使学习者全神贯注于语言意义，在说和做中无意识的习得语法结构，排斥一切明确针对语言形式的教学。我国研究者转引这位语言学家描述的试验中的教学过程如下：

上课开始后，教师对全班说："We are going to do a lesson today on timetable. OK?"接着教师在黑板上画一张时间表，在第一栏第一行写上 9:30~10:15，学生明白教师写的是第一节课的时间。然后，教师指着第二栏第一行问学生："这里该写什么？"学生回答："10：15。"写完上课时间后，教师要求学生大声念各行所标注的时间。之后，教师让学生在时间表每行旁边写出一周工作日的名称，让其他同学帮着说出拼写。学生写完后教师问："星期六呢？我们星期六上课吗？""不上课，星期六是休息日。"学生齐声回答。接着，教师把全班分成小组，每组同学都拿到了一张写有一周某一工作时间表的卡片，教师要求学生用英语互相交流各自卡片上的内容并写出一周的工作安排。之后，教师要求学生设计一种方法来调查同学们对学校开设的哪些科目感兴趣，调查结束后，在全班面前汇报调查方式和调查结果。

（二）弱势交际观

弱势交际观认为，应该把语言作为交际工具，交际活动是交际手段，语言教学应该包括语言知识的学习，但应避免单纯的形式训练，应让学生在课堂交际活动中体验语言的使用和意义。目前，我国教学中的交际语言教学法属于弱势交际观的范畴。它的特点体现在我国现行的中小学"结构—意念功能大纲"，以及据此编写的中小学外语课本上。现有资料表明，我国还未有任何一位语言学家、教材编者或中小学外语教师主张排除语法知识的外语教学。相反，在我国这样一个非母语学习环境中学习外语，脱离有关的语言形式、语法知识的掌握，对学习好外语是不利的。因此，在我国，根本不存在为什么要学习外语语法的问题，而是怎样才能把外语语法学好的问题。

一位学者称弱势交际观的交际语言教学法为"技能学习模式"。在这个模式中，目的语的语言结构形式被分成一定数量的微技能，例如句型操练、惯用语、语音、语调训练等。所有这些微技能都要按部就班地学习，然后按照语言功能的要求把它们"组装"起来，并在实际交际中得体地加以运用。在我国，我们并不把对语言形式的学习作为一个独立内容。相反，我们从一开始便把语言形式的学习与语言交际能力的培养相结合，在学习语言形式的同时学习实际运用。这个指导思想在我国现行中小学外语教学大纲和相应的课本中得到充分体现。最新的《义务教育英语课程标准》在总体目标的设置上特别重视"语言运用"这个根本目的，并在此基础上突出学生的综合语言能力的培养。

弱势交际观的教学示例如下：

Asking for help

Working in pairs. One student looks at card A. The other looks at card B. Practice the conversation. Take notes of your partner's words in the blanks.

Card A	Card B
You are a student. you want your friend to help you with some homework. A: Check if B is busy. B:＿＿＿＿＿＿＿＿＿＿ A : Ask him/her to help you. B:＿＿＿＿＿＿＿＿＿＿ A : Try to persuade him/her. B:＿＿＿＿＿＿＿＿＿＿ A : Thank him/her.	You are a student. Your friend wants you to help him/her with some homework. You are not keen. A:＿＿＿＿＿＿＿＿＿＿ B : Tell him/her you are not doing anything. A :＿＿＿＿＿＿＿＿＿＿ B : Refuse. Give a reason. A :＿＿＿＿＿＿＿＿＿＿ B : Agree reluctantly. Λ :＿＿＿＿＿＿＿＿＿＿

从上面的教学示例中我们可以看出强势交际观和弱势交际观的主要区别在于如何看待交际与教学的关系以及如何对待语言知识学习的问题。强势交际观给第二外语教学的革新提供了很多启示，引起语言学家和语言教学人员的广泛关注，而许多国家的外语教学实践表明，完全排斥语言知识教学的方法很难实施，但在课堂上创造出真正有意义的交流互动的确可以促进学习者的语言使用能力。

第三节　以内容为依托的外语教学法

CBI（Content Based Instruction）教学法最早从加拿大沉浸式教学法的成功中获得启示。加拿大推行的中、小学双语教学形式多样，其中，依托课程内容的语言教学法就是通过使用目标语来进行诸如自然科学和历史学科的教学。实践证明，当语言教学与学科教学相结合，语言作为学习学科知识的媒介或工具时，便产生了最理想的外语或二语教学效果，学生目标语的语言能力得到最迅速的发展。这种现象得到许多国家的语言学家和外语教育专家的关注，他们也相继开展了实践和实验。

一、CBI 理论简介

20 世纪和 21 世纪之交，国际上流行起 CBI 教学法，也被称为"内容本位教学"或"依托式外语教学"，即把内容与语言结合起来进行教学。CBI 教学法是通过使用目标语来进行某门学科知识的教学，也称"依托课程内容的语言教学法"。实践证明用这种方法学习某门课程时，外语能力提高最快。例如，一位教授为学生开设了一门"多重内容课程"，其中包括二语习得、计算机科学、人类学、生物学、心理学等对专业背景要求不是很高的课程。通过对比研究，研究者发现上述这些课程的外语班学生在外语水平测试中的成绩远远超过了单纯学习外语的外语班学生，而且在以后的学科学习上也超过了后者。

二、CBI 理论的框架

一些学者认为，克拉申的输入假说、斯韦恩的输出假说以及卡明斯的语言能力构架构成了 CBI 的理论基础。

　　有学者认为，语言能力的获得和发展有两种模式：对话语言和学术语言。对话语言又称基本人际交流能力，学术语言又称认知学术语言能力。基本人际交流能力是指大多数母语使用者都能达到的顺利交际水平，对认知能力要求不高，而且有实物、事实、面部表情以及肢体语言等语境帮助，因此容易学习和掌握。二语学习者一般经过1~3年就能掌握这种基本交际使用的语言。认知学术语言能力是指利用语言进行学习和研讨等复杂抽象的学术活动的能力，二语学习者通常要经过7～10年才能获得这种认知学术语言的能力。

　　第二语言能力的获得和发展受语境与认知要求的影响。学者试图通过区分基本人际交流能力和认知学术语言能力，解释语言能力的性质与学科学习成败的关系，即擅长用二语进行基本人际交流只说明学习者有较强的基本人际交流能力，并不意味着学习者必然应该或能够胜用第二语言讲授的学科学习。因此，要提高二语学习者的认知学术语言能力，就必须培养他们的认知技能、学科知识和语言意识。这一理论构架将语言教学与学习者的专业学习相联系，主张学术语言能力的培养应该与专业学习同时进行。在 CBI 课堂上引入专业信息，既有助于培养学生学术语言技能，也有助于提高学生的专业知识和认知能力。

　　普通交际和学术语言能力的划分与输入假说和输出假说

共同构成了 CBI 的理论框架，而 CBI 模式的教学实践早在 20 世纪 60 年代就已展开，而 CBI 概念则是在 20 世纪 80 年代末正式提出的。

从广义上讲，CBI 既包含一定的哲学思想，即语言与内容相互依存，密不可分，也是一个方法体系，语言与内容的结合可能带来教学效果和效率的提高；既是独立的一门课程设置，通过某种程度的结合达到特定的教学目的，也作为语言教学领域的新概念，带来整个教育体制的变革。狭义的 CBI 仍属于语言教学范畴，但是，由于专业学科内容的引入，使这种教学模式具有双重甚至多重功效，即传播语言知识、强化专业能力、提高学习策略等。

美国语言学家基于对知识构架理论的研究，从功能语言学的角度出发，认为语言是一种社会行为。在这一行为中，人们不仅学习语言知识，还学习语言所承载的内容，并通过对二者的学习形成理论水平与实践能力的交替上升。学者们将知识构架理论与语言教学相结合，认为 CBI 是"学科内容与语言教学的整合"，并总结出 CBI 的 5 项基本原则：①语言学习应该与学习者对语言的实际使用相结合；②语言课堂中引入学科内容有助于激发学生学习语言的动力，从而提高学习效率；③有效的语言教学应该将学习者当前的语言能力与他们的学习经历、学科知识以及学习环境相结合；④语言教学应该针对语言在特定场合的使用，而不仅局限于句子层面的用法；⑤在理解专业内容的过程中，学习者的语言与认知技能也得到了提高。

语言与内容的整合有多种不同形式，并体现了不同的课程目标、课程设置、教学方法、教材、师资和学生构成。因此，在语言与内容连续统一的教学过程中，由于语言与专业内容受到的侧重程度不同，CBI 有强式与弱式之分，前者偏重专业学科知识，后者以语言教学为主要目标。我们通常所说的以内容为依托的语言教学属于弱式 CBI，而浸入式教学则属于强式 CBI。

尽管基于语言的专业教学与基于学科内容的语言教学分别代表强式与弱式 CBI，但是，在教学实践中二者并不是非此即彼的关系。首先，学习者的需求在 CBI 教学过程中并非一成不变。尽管在理论上语言是内容的载体，教师应该结合教学实际情况来决定在适当的时候，通过适当的方式进行语言与内容的整合。其次，语言知识与学科内容都是随着人类对社会认识的进步而不断发展的，专业知识不仅限于课堂上教师传授的部分内容，语言也是一种非常活跃的社会文化现象。因此，教师的任务不仅是传授知识，更重要的是帮助学生正确认识专业知识与语言的本质联系。借用爱因斯坦的话来说，我们要为学生提供学习的条件。

三、CBI 教学的特征

研究与实践表明，CBI 的教学观具有以下显著特征：

（1）真实的教学材料。语言是通过内容来习得的，而真实、系统的语言教学材料可以为学生学习语言提供有意义的语境，促进有效学习。

（2）内容与语言相融合。对于非英语专业的大学生来说，基于自己专业主修学科内容的学习，有助于促进语言输入、语言吸收和语言输出的良性循环。

（3）突出体验式小组学习和研究型学习。以输出为驱动的 CBI 教学模式不以学生出色完成任务为目标，而是强调学生积极学习教师提供的真实性学习材料，在输出任务的驱动下，主动寻找新的信息和材料，继而在教师的协助下，最终完成任务并能展示学习成果，这样的研究型学习体验在传统的大学英语课堂中是难以实现的。

（4）内容学习、语言训练和应用及思维培养全面融合，相得益彰。除了实现语言和内容双重学习目标外，通过体验式、研究型的学习，CBI 教学模式促使学生主动应用所学知识，培养学生的协作意识和批判思维意识。

（5）教师身份的根本转变。从"授人以鱼"到"授人以渔"，教师不再是单纯的知识传授者和语言训练者，而是整个课程的设计者和课程活动中的协助者。在某些学科内容较为专业的专门用途英语课程教学中，学生的学习主体地位更加突出，教师的职责主要是通过教学任务和教学活动的设计，协助学生有效地开展基于内容的语言学习、完成学习任务。

第三章 任务教学法与PALS教学模型构建

第一节 PALS模型的基本理念与方法

一、基本理念:"一中心、二结合、三融入"

一中心,以学生有效学习为中心。在这一理念指导下,PALS活动设计丰富多样但不哗众取宠,每个活动都针对一个或多个外语技能,使学生在课堂上得到循序渐进的有效训练。

二结合,课堂任务与实际生活相结合。任务设计贴近实际生活,有效促进学生知识与技能的迁移;结合新兴智慧教学技术,激发学习兴趣,引导深度探究,培育大创项目;有机结合东、西方素材与视角,促使学生用英语展现国际视野、传递中国智慧。

三融入,在教学中融入"文化自信、跨文化素养、家国情怀"。结合不同主题,进行价值引领与升华,在平凡中见证伟大。潜移默化、润物无声,在实训任务中实现课程目标。

二、基本方法：任务教学法

任务教学法中的"任务"，不同于普通的课堂提问或传统的课堂讨论活动，而是学习者运用目标语言完成互动任务，达成交际目标的过程。任务教学法以语意为核心，学习者在沟通过程中使用目标语言进行语意协商或语意交换，并在此基础上兼顾语言形式的准确性与适切性。此外，任务教学法的设计原则符合任务类型多元化、任务复杂度循序渐进、任务安排连贯性的标准，促使学习者在不同交际场景中温故而知新，从而提升语言的流利程度，达成交际目标，实现跨文化沟通能力的综合提升。

三、创新思路：PALS 模型的构建

PALS 模型的设计与实施，为解决教学实际问题提供了系统化的思路：

（一）激发学习主动性、提高课堂活力

为任务赋予故事线，增强代入感；

引入分组竞争机制，点燃参与热情。

（二）提升训练效率、平衡发展外语能力

分组规模多样化，提高生生互动频次，提高训练效率；

任务类型多样化，听说读写技能整合发展。

（三）解决实际问题，达成高阶目标

任务设计贴近现实，有助于学以致用；

任务串联循序渐进，体现能力的分级与进阶。

第二节　PALS 模型任务设计的基本原则

一、以语意为核心，兼顾语言形式

任务教学法中的"任务"，不同于普通的课堂练习或传统的课堂活动，而是学习者运用目标语言完成交际目的，达成任务目标的过程。任务教学法以语意为核心，学习者在仿真、真实的交际场景中使用目标语言进行语意协商或语意交换。

二、任务类型多元化

由于任务教学法要求学习者在交际场景中使用目标语言进行语意协商或语意交换，许多教师会自然而然地把"小组讨论"作为主要任务形式。然而，任务类型不应局限于小组讨论，而应选择多样化的认知任务类型，从而发挥不同认知任务的优势，提高学生的"工作记忆"，促成语言的吸收和习得。任务教学法常用的任务类型包括：匹配、信息差、列举、排序、对比、解决问题、分享个人经历、项目以及创造性任务。任务类型的多元化，必然对技能训练的复合程度提出要求，由此需要教师在任务设计过程中对听、说、读、写各项技能既有侧重，又有整合。

三、任务评级与排序

任务教学法教学法的设计应当以单个教学任务为分析单位，从简单到复杂循序渐进，逐步贴近真实交际任务的需求。任务复杂度是指任务构成赋予语言学习者在注意记忆、逻辑推理等信息加工方面的要求。它由任务设计本身的特质决定，是相对固定的属性。任务复杂度包含六个要素，是教师对教学任务进行评级与排序的重要依据。

四、任务连贯性

迁移恰当加工理论认为，为了语言学习者能够有效地把一个场景中习得的语言能力应用到另一个场景中，场景之间必须具有相似度和连贯性，促使学习者在复习语言习得的同时有机会接触新的语言知识，从而提升语言流利程度。

第三节　PALS 模型基本框架

一、PALS 模型任务库

PALS 该模型包含近 30 种任务类型，其设计与组织体现了"一中心、二结合、三融入"的创新理念与"任务教学法"的原则。教师采用启发式、协作式、参与式的方法，有机融合价值引领、知识传授、能力训练，鼓励并引导学生在沟通实践中进行合作学习，达成知行合一，实现跨文化沟通高阶能力目标。

课题组自主研发的 PALS 模型任务库具体包括：Priming 自主预习＋课堂启动、Action Learning 实境训练、Summary 总结回顾三个部分，全部活动设计，能够充分调动学生的听觉、视觉、表达、智力、情感等多感官参与度；在交际互动中，将听力／阅读理解、总结复述、归纳分析、思辨讨论、公众演讲等多重能力相结合；促进学生细听、勤说、分享、善思；增加学生在学习过程中的参与广度、深度与频率，以便内化所学所思，并转化为终身学习的能力。

二、PALS 模型通用教学大纲

教学团队设计的 PALS 模型通用教学大纲，步骤清晰，方便教师根据课程内容，配合使用 PALS 任务库进行选择与整合，保障课堂的互动性与训练的高效性；便于标注能力目标与思政目标，整体操作便于课堂实施，有助于推向其他外语类课程共享。

三、PALS 模型的实施步骤

（一）Priming 自主预习＋课堂启动

实现"线上＋线下"的翻转课堂，调动学习自主性，让学生动起来，为课堂预热。

课前使用智慧教学工具，发布单词、背景资料等低阶要求内容，并完成自我检测。对于有难度的视频，提供有字幕版和无字幕版，学生可以针对听不懂的细节，进行反复学习。有字幕版不设立为任务点，无字幕版本设立为必须完成的任务点——这是在提醒学生，无论现阶段的听力水平如何，都要以实现全英文沟通为目标，养成全英文输入与输出的习惯，培养成长型心态。自我检测内容选用时事新闻、财经报道、日常对话等，让学生切实感受到所学内容与实际生活以及未来从事的财经领域直接相关。

课前五分钟，采用互问互答、我说你猜等游戏，完成生生互检，并启动课堂。比如，"互问互答"活动，让每位同学准备三个小问题，在教室里随机寻找三名同学来回答，实现课前预习的最大程度互补。"我说你猜"活动，需要三名同学站到台前，学生 A 根据英文释义，在黑板上写出跨文化沟通术语；观众依据术语，给出英文释义；学生 B 和 C 根据观众的解释说出术语，先说对者获得加分券。

（二）Action Learning 实境训练

分组任务实训，兼具趣味性与挑战性，把课堂时间归还给学生。

（1）为主题赋予故事线，增强代入感。如果您观看过综艺节目，一定能够充分体会到赋予故事线的重要性。如果课堂活动之间缺少故事线串联，学生也很难保持参与热情，只会觉得被一个又一个任务捆绑，容易产生焦虑，而无法全身心投入。

在 PALS 模型的实境训练中，学生可以在轻松的氛围中进行交际任务，减少焦虑，最大程度调动自身语言知识与沟通技能。

（2）引入竞争机制，能够有效提高课堂活力。

（3）任务类型多样化，平衡训练听说读写技能。依据信息加工理论，有机排列任务，实现能力的循序提升：学生需调用分享、协商、思辨、创造等技能，解决具体问题，从而培养高阶能力。

（4）任务设计贴近现实。通过课堂训练，学生可以将所学语言知识与沟通技能，有效迁移至现实生活，从而做到学以致用。教师会根据不同主题，在 PALS 任务库中选用不同的任务类型，匹配需要重点训练的能力。比如，"盒子里的故事"主要训练概括和转述能力；"少了点什么"侧重提高挖掘细节的能力；"六顶思考帽"注重培养学生的思辨能力。

（5）分组规模多样化，有 2～4 人的小组活动与 5～8 人的大组活动，提高生生互动频次，提升训练效率。在不同规模的分组任务中，学生不断遇到新同伴，必须调整语速、选词、沟通策略，协同互助、相互适应，方能达成交际目标。这有效提升了任务挑战度，为跨文化沟通能力与素养提供了进阶训练。

（三）Summary 总结回顾

通过协同任务，帮助学生巩固技能，促进反思与知识内化率，让课堂学习事半功倍。

下面以三个典型协同任务来说明学生在总结回顾阶段的知识内化、技能巩固、互评反思情况。

"记忆飞行棋"：教师向各组发放棋盘和骰子，棋盘上印有根据本次课或本单元课程知识点而设计的问题；小组内每位同学轮流掷骰子，走到相应位置后，需要回答问题，由小组其他成员共同判定是否回答正确；每组前 2～3 名完成者获胜。在此过程中，学生通过自己与同伴反复的回答和评价，有效促进知识的内化吸收。

　　"双重案例分析"：邀请 4 名学生在台前讨论《西游记》师徒 4 人在团队中的角色；观众依据讨论的过程，分析 4 位发言人在讨论中所担任的角色。不仅巩固了学生进行案例分析的实践能力，现场引证、转述、自圆其说的能力也得到高强度的训练。

　　"我当翻译官"：学生分组对反映我国文化的中文描述译成英文。学生在分组翻译过程中可以意识到自身语言能力的差距，有时会形成讨论语法细节、选词准确性、语言适切性的"元谈话"。这在一定程度上促进了学后反思，帮助学生养成吸收反馈、不断精进的习惯，对终身学习大有裨益。

第四章　PALS 模型的教学实践

第一节　PALS 模型与跨文化沟通能力进阶

本节以节日习俗为例，运用现场的文字、音频和影像资料组织实施课堂任务。重点探讨任务设计与串联的原则和标准。

一、PALS 课堂任务实施

任务 1：与春节相关的物品

学生拿到乱序的春节物品图片和英文单词卡（如对联、灯笼、鞭炮等）。学生需完成匹配，并能准确读出物品英文名称。根据完成先后次序进行个人积分。

任务 2：春节习俗

两人一组（A、B）拿到以图形和表格来介绍春节习俗的阅读材料（如物品摆放的位置、使用的时间、代表的含义等）；A、B 拿到的阅读材料有不同程度的信息缺失，需要通过语音聊天，互助弥补信息差（此处所填信息均以数字或图形的形式出现，不涉及英语单词和句子的书写）。
按照补全信息的准确度将小组得分计入个人积分。

任务 3：春节禁忌

A、B 分别观看视频片段，两段视频介绍了不同的春节习俗和禁忌，内容有重叠也有差异；A、B 向对方复述视频内容，比较相同和不同之处，共同记录内容要点；最后向全班进行口头报告。按照口头报告对要点覆盖的完整程度将小组得分计入个人积分。

任务 4：情景剧场

四人一组（A、B、C、D），A、B 扮演留学生，C、D 扮演中国老师和家人；"留学生"春节期间拜访中国老师及家人，向他们请教春节的风俗习惯，并得到了耐心的解答；"留学生"在赠送礼物、言谈举止中不小心触犯了一些春节禁忌（如赠送钟表、打碎玻璃杯等）；中国老师和家人需解释与春节相关的文化禁忌，委婉地指出"留学生"的错误并提出建议。"留学生"所问问题和所犯禁忌的要点已给定，允许学生在演练中根据个人生活经历进行适度发挥和扩展。对表演进行录像，由学生投票决定最佳组合，对该组全体成员予以加分奖励。

任务 5：兼顾语言形式

小组拿到对话文本，对话内容涉及春节习俗和禁忌，对话内容已打乱顺序,并空缺一些重点句型和词汇搭配。首先,组员之间通过语音对话,在客户端程序提供的电子黑板上对句子进行排序,然后试着补充空缺信息,最后观看对话视频,依据视频内容补全空缺的重要语法和词汇信息。根据填写信息的准确程度进行积分。

二、PALS 课堂任务分析

总体来看,教师在各教学任务的设计中融入积分竞争机制,充分调动了学生的学习积极性和参与热情;综合运用虚拟场景中的各种资源(如图片、文字、音频、视频等),保障语言输入的多样性与真实性;二人小组活动和四人小组活动的设计,为学生创造更多"意义磋商"的机会,有利于提高目标语使用的流利程度和完善交际策略的选择;鼓励学生探讨语言点的使用,进行关于语法与词汇的"元谈话",有助于学生反思自己之前的语言错误,提高习得的准确性。现以单个任务为分析单位,探讨上述活动的设计、选择和编排如何体现了任务教学法的基本原则。

第一,每个任务均以语意为核心,有明确的交际目标,逐步贴近真实世界的交际任务。在每个教学步骤中,学习者必须通过语意协商,排除生词、语法和其他语言交际方面可能会制造的障碍,充分理解他人表达的意思,才能够完成信息填写或情景剧等任务目标，并最终能够在实际生活中使用英语介绍中国的春节风俗、解释文化禁忌，并提供建议。最后一项任务，虽然旨在让学生聚焦语法现象，但其过程的实施必须以重组对话、理解对话含义为前提，依然体现了语意的核心地位和兼顾语言形式的原则。

第二，任务类型实现多元化，包括匹配、信息差、预测、列举、对比、解决问题、排序，即任务教学法常见的大部分任务类型都在该教学设计中得以应用。多种形式的认知任务，可以充分调动学生有关认知、逻辑思维、信息处理的大脑机制，提升工作记忆水平，为语言习得提供立体化的认知平台和资源。同时，在任务设计中有机结合听、说、读、写的基本技能训练，做到逐步扩展技能训练，循序渐进。

第三，依据任务复杂度标准，对任务进行逐个评价，以由简入繁的次序组织课堂教学流程。有学者提出的复杂度六大要素模型中，对于每项指标都应进行肯定回答（＋）或者否定回答（－）；"＋"越多代表任务复杂度越低，"－"越多代表任务复杂度相对较高。

第四，任务的串联符合迁移恰当加工理论所要求的连贯性原则。新旧任务之间具有极高的相似度，有利于学习者把之前习得的语言能力应用到新的任务场景中，并在新任务中适度引入新的语言表达和内容，确保学生在每个步骤中都能够"温故知新"，从而逐步提升语言流利程度。

第二节　PALS模型融合社交媒体教学的行动研究

微信是可用于移动终端的实时社交软件，用户通过无线网络可以随时随地以文字、语音、图片、视频等形式与好友交流互动。由于微信具备强大的交互功能和良好的用户体验，已成为现代人的一种生活方式，尤其受大学生等年轻人的青睐，越来越多的教师开始将微信作为教学辅助工具，为移动学习提供了新的平台。行动研究是教师为解决教学实际问题或变革教学现状而采用某种新措施的研究，需要教师在教学中不断反思，这是在反思中发现研究问题、制订行动方案、反思研究结果、继续修正行动方案的过程。应用微信辅助教学的实践刚刚兴起，可借鉴的具体方案和经验并不多，行动研究的方法更有助于动态地观察和评价其应用效果，及时发现和解决问题。

一、行动方案

在引入微信辅助教学之前，笔者对其效果有较好的预期：第一，微信是新兴的流行社交软件，以微信作为教辅手段可以被学生广泛接受，有利于激发学生的学习动机；第二，微信信息符号的多样性（文字、图片、音频、视频）和信息传播的及时性可以为学生提供大量真实的外语学习资料，以此来弥补课堂互动的不足，让听力和口语学习无时不在、无处不在；第三，微信信息的复现性有利于学生减少学习焦虑，发挥学生的个性化优势；第四，使用微信发布和查询信息，可以为教师和学生节约大量的时间。

为验证微信辅助教学的实际效果，课题组开始在跨文化沟通课程中使用教师个人微信与学生建立群聊小组，用于发布课程信息、分享学习资源和学习方法、组织课外讨论。在为期一个月的试用过程中，笔者发现学生对于使用微信进行课外学习抱有较高的新鲜感和热情，与教师互为微信好友，让他们对英语听说课程平添了一份私人感情，体会到不同的乐趣，但同时教师也察觉到三个问题：第一，在群聊中查找课程通知和学习资源并没有想象中那么方便、省时。第二，师生互动增强，但生生互动不足。学生喜欢使用私聊或群聊向教师咨询问题，但在课后讨论过程中学生多数只在群聊中对议题发表一至两条语音评论，极少对其他同学的留言做出反馈，无法达到使用英语进行交际互动的标准，对语言面貌、听力水平和口语交际能力的提升作用非常有限。第三，学生在课堂中的学习焦虑并没有明显减弱。

为了深入挖掘背后的成因，更有效地解决以上问题，笔者对学生使用态度进行了问卷调查和抽样深度访谈，并进行自我反思。总之，造成以上局面的主要原因包括以下几点。

第一，微信群聊内信息的滚动呈现模式影响查找效率。比如，教师会在一周内发布多个通知（包括预习内容、作业、课外讨论），并不定期地分享视频、音频资源和学习方法等，同时也鼓励学生在群聊里分享学习资源。这些都会造成群聊内信息迅速滚动。如果学生不能在信息发布之后的第一时间打开微信接收和收藏信息，该信息就有可能被滚动到几个屏幕版面之外。当他们想要查看相关信息时，就必须向前翻页，或使用群聊中的特定目标查找功能。但无论哪种方式，都需要学生付出不小的时间成本。

第二，课外讨论话题的设置缺乏交际目标指向和互动机制，尤其缺乏隐性互动机制。所授班级的课堂活动以任务教学法为核心，活动安排由浅入深，学生使用英语达成任务目标的自主性逐步提高。因而在课外讨论话题的设置上，教师希望能够给学生更大的空间和更多的自由去畅谈自己的想法，并在与他人的交流中获得更多的启发。课外讨论话题的提问方式多数是开放式的，比如，"对于……现象/问题，你们怎么看？"对于这样的话题，大多数学生感觉是在进行口头作文。他们觉得只要把自已想说的内容准备充分，讲得有观点、有条理就行了（学生这样理解当然是没有错的）。所以最终呈现在群聊中的，只能是每个学生个人对该问题的"观点展示"，而很难形成真正互动式的"讨论"。在此过程中，由于没有要求对其他人的观点进行评论，学生缺乏"听懂"的动机，听力没有得到训练；同时也缺乏"被人听懂"的需求，因此，他们不太注意自己的语音语调，语言面貌无法改善。

第三，微信环境下学习的低焦虑状态，并不会自动地植入课堂和真实的交际环境中。微信作为休闲娱乐和社交的工具，给人以轻松自在的感觉，学生在这里的学习和分享是完全无压力的状态。学生感受到的始终是虚拟环境，与现实不同。由于微信信息的复现性和交际的异步性，学生可以把不理解的听力材料，反复播放直至听懂；可以事先准备好演讲稿，把流利的朗读录制成语音留言，或者字斟句酌想好自己的观点，再精彩地展现出来。以上这些都呈现出"非自然状态"，而当情境转换至教室或其他自然交际环境时，对于语言使用和交际策略选择的焦虑又会重新产生。

基于以上调研结果和问题反思，笔者深入了解了微信的各种功能及其利弊，并与其他正在使用微信辅助英语听说教学的教师交换意见，确定了初步的行动干预计划：改用微信公众订阅号发布信息；改进课外讨论的方案设计；增强微信环境与课堂环境／实际交际环境的关联性。

二、行动干预的第一阶段

第一轮教学结束后，教师申请建立微信公众订阅号，并在第二学期正式投入教学实践。通过公众订阅号，教师每天可向学生群发一条消息；学生发送指定关键字就能获取往期内容中的某个特定信息。这些功能规范了信息发布的节奏，提高了信息检索的效率。另外，以往使用群聊的同时进行课程通知、资源分享和答疑解惑，存在信息混杂的弊端。而现在，学生如有疑问，可以通过订阅号与教师进行一对一的语音问答，与信息发布隔离，不再相互干扰。

微信辅助学习是一种移动学习模式，是一种非正式学习。非正式学习的关键在于学生之间的互动。斯坦福大学一位荣誉校长曾指出，学生在大学期间 50% 以上的知识与技能是从伙伴或同学那里学到的，而不是从课堂或教授那里学到的。想要提高微信辅助教学的应用效果，必须增强学生之间的互动。为此，笔者在课外谈论中主要进行了两方面的改进。首先，在课外讨论中延续课堂教学的任务教学法，不是简单地在字面上要求学生"相互讨论"，或者强迫他们分享观点，而是通过设立具体的任务目标让学生自然而然地进行合作和探讨。比如，拼图式任务，让一组学生每人拿到故事的一部分，大家必须先用语音展示自己拿到的部分，然后经过协商整合成完整的篇章；信息差任务，每人拿到相同的案件报道，但在不同位置有信息缺失，小组成员必须在群聊中互相协助，将信息补充完整；预测式任务，给出一段文字、音频或视频，让小组口头续写结尾，组员需要贡献自己的想法，不断推进故事的进展，在此过程中说服他人或进行妥协，最终给出一个确定的版本。

其次，笔者在一些课外讨论话题之后开设评奖环节。教师把各组的展示成果发布在课程订阅号上，由学生对语言表达的准确度、流利度，以及内容的逻辑性和感染力进行点评与投票，获胜的小组可获得平时成绩的适当加分。

在加强微信课外讨论的互动性过程中，微信环境与课堂环境/实际交际环境的关联性也大幅度提升。首先，通过改进课外讨论形式和设置评论环节，微信讨论环境与课堂环境已非常接近。其次，教师时常把几个平行班的学生打乱，根据听力、口语水平、学习特征和性格特点等重新划分小组，因而学生经常要面临与"陌生人"进行沟通和合作的情况，与现实生活极为相似，对于语言使用和交际策略都是极大的挑战。虽然任务具有挑战性，但学生在微信轻松的环境下不易产生焦虑情绪，能够较为顺利地完成交际任务，从而增添了使用英语处理实际问题的信心。学生只有在微信环境下充分地得到真实语境的交际训练，才有可能减少实际交际过程中的焦虑。

第一轮行动干预结束后，教师再次对学生进行问卷调查，结合教师日志的记录，总结本轮行动方案的实践结果：学生对微信辅助学习的信息发布和检索效率反馈良好，使用课程公众订阅号接收和查询信息方便、省时，对于分享的学习方法和学习资源可以进行收藏，以便日后追溯；在课外讨论环节中语言输出与互动的积极性明显增强；多数学生感觉微信辅助学习，在潜移默化中强化了听力和口语的训练，"在不知不觉中，使用英语听和说的机会多了，说得多了，就不害怕了"，学习焦虑降低，自信心增强。

在肯定行动方案积极效果的同时，教师也观察到一些新的问题：第一，通过微信公众订阅号的后台统计，可以看到学生从 11 月最后一周查看学习资源的频率明显降低。第二，每个班级的听力和口语水平特别突出的前五分之一的学生，在微信课外讨论过程中的发言较之前迅速减少。针对以上问题，笔者对学生进行了分组访谈，以了解原因。

第一，经过两个月的使用，学生对于微信作为教学辅助平台的热情已经开始减退，从一开始出于好奇心的使用，到后来已习以为常。有学生明确表示，随着时间的推移，也许自己最终会失去使用微信练习口语和听力的兴趣。第二，从 11 月开始，很多学生进入大学英语四六级的备考状态，想暂时放下口语练习。第三，听力和口语基础较好的学生表示，微信辅助学习在很多方面都无法达到他们的要求。比如，微信发送语音留言的时长上限为 60 秒，随着学生想要互动和表达的欲望加强，想多说的时候，就必须分几次来录制留言，相对较麻烦；已经具备较好听力和口语基础的学生，希望在表达的感染力和舞台风范方面得到提升，而现阶段的微信学习模式无法满足这方面的需求。

对以上问题和访谈结果进行深层反思，笔者认为亟待解决的问题是微信学习平台如何长期保持其吸引力，让微信辅助学习成为学生的习惯，使得学生能力水平持续提升的问题。以上这些，都是微信辅助学习的可持续性发展问题。

三、行动干预的第二阶段

任何社交媒体的产品和服务，要保持其吸引力，并获得可持续性发展，首先必须满足使用者的需求。对于使用微信平台进行口语听力训练的学生来说，一要满足他们的兴趣需求，二要满足他们能力提升的需求。据此，笔者对微信辅助听说教学的方案做出以下调整：第一，课程订阅号的学习资源分享根据学生现阶段关注的热点问题进行发送，更加贴近学生生活。比如，在四六级备考阶段，推送历年考试真题、答题技巧等资源。第二，鼓励学生与各个平行班的同学建立真正的社交网络，不拘一格，挖掘适合的语言伙伴。教师将各班能力水平较强的学生推荐至同一个群组，顶尖学子可以在群聊里切磋技艺、享受思想碰撞的乐趣；如果苦恼于暂时无法解决"语音60秒"的技术限制，就可以把交流的乐趣拓展到群聊以外的现实生活中去，这是"强强联合模式"。教师定期推荐一位听说能力较好的学生，录制音频或视频，向大家进行经验介绍，例如，如何提高听力、如何增强演讲的表现力等。让高水平的学生得到充分的展示和更具挑战性的锻炼，也让期待提升的学生找到效仿的对象或学习的榜样，这是"优势互补模式"。

实践证明，学生对这些调整非常满意。尽管进入期末复习阶段，但学生对于微信平台的关注度仍不减。他们觉得"订阅号发布的信息，基本都是我想看的，想了解的""每天都要抽出时间来看看，觉得有用"；他们喜欢看到自己同学录制的经验介绍视频，"看到××介绍的听力提升方法，我觉得提高听力也没那么困难，因为××就住在隔壁寝室，他能做到，那我也能做到"，有时学生觉得自己录制的视频"看起来有点儿不自然，本可以说得更好"，这正好也成为他们自我反省和自主提升的良好契机。

教学团队认为，网络社交媒体作为教学辅助手段，并不能在短期内大幅度提高学生的能力水平，但只要它具备持续的吸引力和发展力，潜移默化地将听力口语课堂不断延伸，成为学生生活习惯的一部分，就能够对学生产生深远的影响。而对于每个移动学习者来说，找到一个能激发持续性学习和自我反省的机制与平台，是弥足珍贵的。这为 PALS 模型向课堂外的延伸提供了良好的支持与补充。

四、行动研究的总结

在对微信辅助跨文化沟通课程教学实践的行动研究中，教学团队观察和分析的结果是喜忧参半。微信作为跨文化沟通课程的辅助手段具备一定优势，但其优势的发挥和保持，都有赖于教师在实践中付出巨大的努力：

1. 微信辅助 PALS 跨文化沟通教学，可以成为信息发布和资源分享的有效平台。这一有效性要依赖于教师对微信具体功能的科学选择。微信公众订阅号是信息发布的首选工具。

2. 微信辅助 PALS 跨文化沟通学习，赋予了学生更大的自主权力，但这并不意味着教师放任学生进行课外活动和自主学习。微信辅助学习的有效性，依然需要教师发挥引导与支架作用，对活动环节进行精心设计（讨论话题不能过于宽泛，指令不能过于笼统），加强微信环境与真实交际环境的关联性，从而降低学习焦虑，并保证学生之间的充分互动。

教师应当以可持续发展的视角搭建和使用微信平台辅助

英语教学。教师应深刻认识到，任何一种新技术并不能一劳永逸地成为有效的教辅平台。学生的好奇心和热情会随着时间的推移而减退。起初良好的应用效果，并不代表日后持续有效。教师必须对使用情况进行监控和适时引导，关注学生的需求变化，及时调整策略和内容，满足学生的兴趣需求和能力提升需求，保证平台对学生的持续吸引力，并激发学生的学习动机和自我反省能力。

第五章　PALS 模型的延伸思考

第一节　PALS 与新媒体融合的传播效应

传播学，是以人类传播（信息交流）活动为研究对象的学科。在探索 PALS 模型与新媒体融合后的传播效应中，应先了解传播类型包括"自我传播""人际传播""群体传播"和"大众传播"。其中，"自我传播"是心理学研究的范畴，后三者是传播学研究的范畴。作为新媒体的微信，具备人际传播、群体传播和大众传播的功能。本节以传播学的三大类型为视角，分析 PALS 模型与微信相结合，实施课程教学的传播效应。

一、人际传播

人际传播是两个独立个体之间本着共同交流需求而组合成的新的消息系统，它是以点对点为主要传播方式进行的信息传递活动，体现了人的社会性特征和本能需求。人际传播具有符号多样性、即时性、保密性、非制度化的特点。微信作为一种人际传播的新媒体，除了具备上述特点外，还具备"信息复现性"的特征。这些都可以在跨文化沟通口语学习活动中发挥优势。

（一）符号多样性与即时性弥补了课堂互动的不足

有效的人际传播应当综合运用各种符号，包括图像、语音、文字、表情等。高效的英语口语沟通训练也同样有赖于音频、视频、真实场景交际等符号手段。由于课堂双语教学受到时间和空间的限制，往往无法充分发挥所有符号的优势。然而，教师可以利用微信学习平台为学生提供一个更加多姿多彩的"课堂"，比如，播放与跨文化沟通课程单元内容相关的歌曲、影片，录制语音点评，举办看图故事会、配音竞赛、跨文化幽默对话大赛等，提供丰富的语言资源和学习材料，寓教于乐，让学生在各种符号的刺激下，充分调动眼、手、耳、口、脑的功能，达到事半功倍的学习效果。

另外，课堂上出现的难点问题，总会有学生因时间原因来不及提问，或不敢直接询问教师，这些学生可以通过微信的私聊功能，进行师生之间或生生之间的对话，学生不占用课堂时间，就能解决学习中的疑惑，甚至可以在不同的咨询对象那里得到多样化的解读，收获新的灵感和学习思路。

（二）非制度化有利于调动学生的学习积极性

人际传播是自由独立的信息传播制度，传收双方都不受另一方的约束，是一种自发的、自主的、非强制性的传播。微信作为一种普遍使用的人际传播工具，其信息传播同样具备非制度化特征。微信已潜移默化地渗透至学生学习和生活的各个方面。教师以微信作为教学的辅助工具，符合学生对信息传播方式的偏好，学生相对不会产生"被迫学习"之感，所以对微信学习方式更容易接受。受众接受度越高，信息传播越有效。学生乐于接受微信学习平台，跨文化沟通的教学内容就能够得到比较有效的传授。同时，微信传播的非制度化特征使学习时间弹性更强，学生可以随时拿出手机"磨磨耳朵、练练口语"，实现移动学习；在空间上，微信能够打破传统班级的限制，学生可以与平行班级的同学互加好友，拓展人脉网络，增添学习乐趣。

简言之，人际传播的非制度化使微信学习平台能够帮助学生充分调动学习积极性和主观能动性，改正被动学习的习惯。

（三）信息复现性与保密性有利于减少学生学习焦虑，有助于学生发挥个性化优势

在传统课堂环境下，无论是对教师的指令和讲授内容，还是其他同学的发言和互动，学生都可能会由于某些干扰

因素而无法获取完整的信息，比如，教师语速过快、同学发音不准确、噪音干扰、注意力不集中等因素，都会造成学生遗漏信息，或者不能完全理解所讲内容，影响学习效果。与传统课堂相比，微信学习平台上的各类信息都可以根据学习者的需求反复呈现：没听懂的音频可以回放，读不懂的文字可以重新揣摩，直至学习者完全理解，对于精品内容，可以进行收藏，供日后学习。这种信息可以复现的特性将给予学生（尤其是听力基础较弱的学生）充分的安全感，从而减少学习焦虑；对于喜欢"追求完美"的学生来说，则有更多机会精益求精。

传统课堂上，学生回答问题时的内容和语言面貌，都会毫无保留地呈现在班级所有同学面前。一些涉及隐私的问题学生不方便谈（如父母的婚姻状况、家庭经济状况）；有些社会敏感话题，学生担心自己的观点过于激进会受到他人揣测而不想说；还有的学生仅仅是因为自己的发音不好，而不愿发言。微信学习平台某些功能的保密性，可以为上述问题提供解决途径。对于讨论中涉及隐私或敏感的话题，学生如果有不便在群聊里发布的观点，可以通过私聊向教师单独提交音频，教师确保对观点来源进行保密，根据具体情况在群聊中进行转述；如果学生对于自身语言面貌不满意，则可以先用私聊发给教师，获得改进建议，继续修改，直至满意再发送至群聊讨论。另外，微信与其他微传播媒体（如微博）不同，对于朋友圈分享内容的点评，只有好友可见，分享者对于点评的回复也只能是该好友才能看到，学生也可以选择发布的内容只允许好友列表中的特定人可见，这极大地保护了学生的隐私。

由此可见，微信的信息复现性和保密性能够降低学生学习焦虑，实现以学习者为主体的跨文化沟通技能培养模式，满足不同学习者的个性化学习需求。

二、群体传播

群体是具有特定共同目标和共同归属感、存在互动关系的复数个人的集合体，它具有目标取向共同性和主体共同性这两个特征。而将群体的两个特征结合在一起的过程，便是群体传播。微信为普通用户和公众号用户提供的若干应用模块，可以充分发挥内部协调、形成整体规范、控制环境、情感交流和鼓舞士气的功能，为实现跨文化沟通口语训练的群体传播提供了有效的平台。

（一）运用公众号的编辑模块实现群体传播的规范性

群体规范是指一个组织内的各个成员必须遵守的行为准则，即在群体传播过程中逐渐形成的一些约定，然后形成一致认可的规范。教师可在微信公众平台网站的首页通过提前注册与申请的账号进行登录；进入教学平台的主页面，对该平台的教学内容进行编辑；最后运用群发功能推送预习内容、布置作业、公布考核标准、扩展课外学习资源、答疑解惑等。在这一过程中，教师借助新媒体树立了权威，为口语课程的学生群体构建了预习、学习、复习及自主学习的统一标准，为课堂教学和课外活动的标准化和规范化提供了保障。

（二）运用公众号的管理功能实现对学生反馈的监控

在"管理"模块中，教学者可通过消息管理、用户管理、素材管理与学习者进行交互行为、获取学习者的反馈以及对教学内容进行设置和管理。教师通过"统计"模块，可以计算学习者人数，获取学习者性别、语言使用的分布状况，监控学生使用该微信平台的具体情况，关注学习过程。同时，教师可以群发调查问卷，通过统计模块进行计算，获取图文并茂的结果，直观地掌握学生对课内外教学的反馈数据，为优化和改进课堂教学与微信学习平台提供依据。

（三）群聊和朋友圈功能是形成集体行为效应的双刃剑

微信平台上的信息传播和相伴而生的情感蔓延，其速度和效果要远远高于传统课堂的感染力。教师可以通过及时在公众平台上发布学习方法和建议与在群聊中协调学习资源，挖掘学生潜力，激发学习正能量；利用朋友圈的信息扩散功能鼓舞学生士气，实现积极的群体暗示和群体感染，进而巩固教学成果，达到教书育人的目标。反之，如果教师对于传播基调和学生情绪不能有效引导，则可能产生负面的连锁反应。

三、大众传播

大众传播，是专业化的媒介组织运用先进的传播技术和产业化手段，以社会上一般大众为对象而进行的大规模的信息产生和传播活动。根据这一定义，由于教师为课程而建立的微信订阅公众号的受众并非一般大众，因而并不能归类为大众传播媒介。但是，微信公众号功能为大众传播提供了平台，随着受众群体的扩大和传播手段的专业化，每个教学公众号都有潜力发展成为大众传播媒介。因此，教师需要预见和考量微信教学平台作为大众传播媒介的效应。

（一）正面效应

随着传播手段的不断改进和专业化，课程微信学习平台将日趋标准化、规范化；随着受众群体的不断扩大，通过朋友圈的共享和扩散，学习资源将更加立体化，从而能够为更多跨文化沟通爱好者提供自学平台。

（二）负面效应

即时通讯时代互联网技术在空间领域上快速拓展，使我们的思维方式呈现出一种不完整、非理性的特点。这种特点有着一种强调用户个性化、需求多元化的趋势，从而使我们现代人的思维方式发生了巨大的转变。微信和其他同类型的新媒体一样，对人类生活来说是把双刃剑，既带来了巨大便捷性，也使人们的思维逐渐呈现出一种非理性的状态，现代人已逐渐懒得去思考某些事物的本质，而只停留于一些表层信息和通俗娱乐上，并且微信的复制粘贴功能也容易造成大量垃圾信息的蔓延。为保障学习平台的质量，首先，教师有责任对即将推送的信息进行推敲和精选；其次，要对群聊内容进行监控，以保障群组讨论基本上围绕英语口语学习而进行。

本节以传播类型为视角，分析了微信在跨文化沟通课程教学应用中的优势和问题。总体来看，微信作为教学辅助手段的利大于弊。一方面，微信平台的使用可以弥补课堂交互的不足、有助于减少学习焦虑、调动学习积极性，同时实现信息传播的规范化、对学习过程的监控、对集体行为的引导，并有潜力为更多的英语爱好者提供学习资源。另一方面，微信学习平台可能造成学生群体的情绪连锁反应，以及不当信息的蔓延——这需要教师对信息质量和学习情绪有敏锐的嗅觉，做好监督和控制。

第二节　PALS 模型与可复制的延伸能力

一、PALS 模型课程中的教师角色

在实现了教学大纲、课堂活动等共享的情况下，课程教学效果依然会因人而异。这里的人，是指教师。教师的个人魅力、教学经验、与学生互动时的能量状态，学生感受到的是知识灌输或是心灵震撼……教师是教育的核心力量。如何提升教师的素养与课堂领导力？教师应担当怎样的角色，才能做到不说教、不妥协、温柔而坚定地完成"润物无声"？

（一）导演与舞台

在 PALS 模型中，教师并非讲授知识、灌输价值观，而是营造学习、交流和成长的环境，除必要的信息输入外，其余时间保证让全体学生在互动协作中，磨炼技能、激发潜能。这就好比教师是导演，学生是即兴演员：导演为演员提供必要的情节与舞台；在分组排练的过程中，不断发现演员的闪光点与可以精进的细节；必要时导演可以为演员说戏，也可以和演员探讨，让演员更好地理解与把握故事走向和人物情绪。演员在相互磨合的过程中，锻炼了沟通和展示能力，同时收获了导演的点拨，为日后的自我训

练提供示范。

"导演"需要做到友好宽容但不妥协。比如，容许学生存在部分语法和词语搭配上的错误，但不应放任学生继续错误地表达，可以通过给出正确表达的方式进行纠错，减少学生的焦虑，帮助学生养成反思的良好习惯。宽容地聆听学生，让他们充分畅所欲言，抒发情感，表达观点，但在涉及是非黑白的价值观冲突中，应当坚持正确的引导，以理解与共情为基调，循循善诱。

"导演"需要平等心和耐心，与"演员"并肩，持续赋予"演员"力量，共同创作一出精彩剧目。

（二）激发内驱力、关注未来

以 PALS 模式为基础的教学中，教师在角色担当中始终坚持两个原则：第一，激发内驱力：启发、激活、挖掘潜能，并非介入；第二，关注未来的可能性，而不是过去的错误。鼓励学生成为自己，充分发挥自己所有的天赋、技能和精力，使梦想成真。即便有些学生一时间无法心悦诚服，但教师在协商合作的氛围下带领学生探讨过的内容，都会在他们心中播种，在适当的时机发芽开花，在未来遇到困惑与迷茫时，会化作支撑他们前进的力量。

二、PALS 模型课程中的话术技巧初探

（一）PALS 模型中的非暴力沟通

每位教师都渴望课堂的氛围既和谐又活跃，这取决于师生之间的联结质量。互联网时代的学习者渴望表达自己，不仅仅是为了完成教师布置的任务，更是为了能够展示自己的态度，希望自己的想法得到理解、接纳、鼓励、同理、共鸣……他们从而获得力量，这份力量将为未来遭遇困难时赋予信心、勇气与价值感。如果教师与学生之间的互动，仅限于命令、评判、纠错、干预、矫正，那么即使课程的资源再丰富、教学手段再先进，也无法具备直击心灵的力量，无法赋予他们知行合一的能量。因此，教师在教学中，应当学习如何沟通、如何与学生交谈和带着同理心聆听，让学生能够诚实地表达自己；应当启用语言的新方式，平和而坚定，与学生建立伙伴关系。在 PALS 模型中，教师在课堂活动里的非暴力沟通范式，可以激发学生强而有力的内在资源——培养韧性、对人的信任以及对话的能力。

在运用 PALS 模型进行跨文化沟通教学的过程中，教师团队通过调研总结了一些典型的反例，这些点评或提问方式，在某种程度上让学生产生被否定、被强迫的感觉，大大削弱了价值引领的效果。

反例1："乐观一点儿，不要这么沮丧……"

这样的反馈，是在试图让学生摆脱感受和情绪。情绪是内心发出的信号，安抚情绪也必须让当事人实现发自内心的转变。简单的一句鼓励，在社交媒体不断发达的今天，是任何陌生人都可以传递的信息，作用相当有限。作为教师，如果想让学生真正受到激励，首先应当带着同理心去聆听，共情学生的情绪，肯定情绪的抒发。情绪本没有好坏之分，畅谈情绪，反而可以使内心得以舒展，是开始理性思维和重新出发的开端。

反例2："我认为你应该……""为什么你没……"

这种提建议的方式，是直接提供答案，本质上与说教无异，让学生失去了一次自我思索、自我探究、自我选择的机会，没能激发学生的内在力量。

反例3："如果你这样做，就会……"

这种建议方式不但直接提供了答案，还臆断了执行建议后的结果。它忽略了学生的个体差异。也许有人尝试过建议中的做法，但由于种种原因并没能达成目标，或者尚未成功。教师在这里应当做到的是为学生提供选项，并鼓励他们选择后坚持走下去，不轻言放弃。

反例4："看看……所经历和付出的，我们在学习中遇到的困难又算得了什么！"

这种评论方式的问题在于，肯定了榜样人物的精神与贡献，而否定了学生的经历与付出。学业与就业的双重压力，对于每一位青年学子来说，都是现阶段人生的重大课题，他们正在为实现自己的目标和家人的期盼而付出巨大的努力。如果以"算得了什么"一言以蔽之，恐怕学生感到的不是鼓舞，而是否定与内在力量的削弱。

总之，"非暴力沟通"是教师带着尊重来理解学生的经历与想法。教师常常有强烈的冲动想给学生安慰、建议，或是解释自己的立场和感受。同理心则邀请我们清空先入为主的想法，全身心地聆听学生。教师持续的同理，让学生有机会充分表达自己，当他们感到被充分理解后，教师再来关注解决方案和提出建议，并尽量避免武断地一概而论，或是简单直接地提供答案。

（二）PALS 模型中的教练技术

教练技术风格的主要特征是伙伴关系与相互合作，而不是指挥与控制；是平等伙伴之间通过发人深省和创造性的对话过程，最大限度地激发个人潜能。这在某种程度上，会让教师有一种如释重负的感觉，因为教师可以通过伙伴关系与相互协作来充分发挥学生的潜能与智慧，而不需要始终单独承受要为学生提供全部答案或为其寻找前行道路的压力。"教练"是一种修炼方式，也是一种坚定的信念。

教师相信学生的能力、智慧和潜能，专注于学生的优势、解决方案和未来的成功，而不是聚焦于弱点、问题或过去的表现。这要求教师不再抱着"我们是专家"的态度，或是需要告知学生最好的做事方式的信念。师生沟通是基于信任、信念和不带评判的。教师过往所知的，并不代表"最佳方案"，与学生一起乐在学习与成长中，对于未来至关重要。教师与学生并肩，无论发生任何事都要坚持相互协作，"挫折"亦是成长的机会，激发学生的自然学习能力，这才是价值引领的终极赋能推进器。

教师普遍都会试图示范或告诉学生按照教导的方式来做事，或者按"应该"采取的范式去做，也就是说，我们教给学生我们的方法，从而延续了常规的智慧。虽然学习和运用标准的、正确的方法，会在初期表现出优势，但执行者个体的喜好和特点被压制，并且忽略了人始终处在转化和被转化、塑造与被塑造的变化过程中。教师有责任帮助学生提升觉察与自省水平，这可以发掘和照亮每个个体心理的独特之处，在不需要另一个人指示的情况下提升能力和自信。自省与觉察能够帮助学生树立自力更生、自我信念、自信和责任感。

告知或提出封闭式的问题，学生就不用主动思考；提出开放式的问题，学生自然会思考。强有力的问题不会只关注主旨、选择、走向等笼统面，会通过关注具体情境中所有参与者、环境等多方面因素，将学生注意力导向问题的关键点，会促进积极主动的思考、专注及观察。因此，PALS 模型中教师在语言互动上遵循的主要形式是提出问题。这些提问能够引导学生聚焦注意力并产生清晰感，提升学生自信和自我激励，帮助学生持续学习与成长。

以上提到的 PALS 模型课程的话术技巧，并不是要求教师必须处处谨小慎微，而是为教师提供反思契机，不断精进同理心与提问技巧：不能只考虑说些什么，更应当注意说话的效果。提升师生沟通质量，避免生硬说教，让课程教学呈现更加亲切自然的模样，实现润物无声的效果。

参考文献

[1] 陈琳，王蔷，程晓堂. 英语课程标准解读 [M]. 北京：北京师范大学出版社,2002.

[2] 周云和. 大学外语教学与研究 [C]. 杭州：浙江大学出版社,2000:26.

[3] 张正东. 中国外语教学法理论与流派 [M]. 北京：科学出版社,2000:86—87.

[4] 米海燕. 略论英语任务型教学法 [J]. 湖北函授大学学报,2009(3):70—71

[5] 魏永红. 任务型外语教学研究 [M]. 上海：华东师范大学出版社,2004:45—46.

[6] 龚亚夫，罗少茜. 任务型语言教学 [M]. 北京：人民教育出版社,2003:35.

[7] 谷仙春，韩照红. 任务型语言教学：一种新型的教育理念 [M]. 北京：中国人民大学出版社,2007:75—76.

[8] 董元元. 大学英语任务教学法：理论与实践 [M]. 北京：光明日报出版社,2017:1—3.

[9] 李卫东. 强化元认知策略意识有效提高听力水平 [J].21 世纪英语教育周刊 (电子版),2007(67).

[10] 刘润清 . 论大学英语教学 [M]. 北京 : 外语教学与研究出版社 ,1999:59.

[11] 夏纪梅 ."任务教学法"给大学英语教学带来的效益 [J]. 中国大学教学 ,2001(2):32—34.

[12] 梁玉玲 , 夏纪梅 . 实施任务型教学法的可行性和认同性及其问题研究 [J]. 外国语言文学研究 ,2007(2):42—53.

[13] 杜婧 . 基于虚拟环境的英语自主学习研究 [D]. 石家庄 : 河北大学 ,2013.

[14] 郭晓宁 , 等 . 虚拟教学环境下的英语外语学习 : 探索"第二人生"[J]. 开放教育研究 ,2012(10):104—112.

[15] 焦蕾 . 任务教学模式下英语口语课程设计要点探讨 [J]. 中国教育学刊 ,2014(8):128—129.

[16] 李影 . 虚拟环境技术在英语教学中应用的价值问题及展望 [J]. 新课程 , 2010(5):101—102.

[17] 秦丹红 .Second Life 环境下英语口语的学习活动设计与应用研究 [D]. 重庆 : 西南大学 ,2013.

[18] 覃修桂 , 齐振海 . 任务及任务教学法的再认识 [J]. 外语教学 ,2004(5):69—74.

[19] 乔燕 . 基于网络虚拟环境的大学英语体验式教学研究 [J]. 洛阳师范学院学报 ,2014(6):97—99.

[20] 宋雪松 , 文旭 . 多元智能理论在任务型英语教学中的现实化 [J]. 课程·教材·教法 ,2006(9):52—55.

[21] 王小雪 . 三维虚拟学习环境下的外语教学——来自实习教师的报告 [J]. 临沂大学学报 ,2011(6):125—130.

[22] 徐指云 , 唐维凤 . 虚拟现实在英语教学领域的具体应用 [J]. 科技信息 ,2009(11):207.

[23] 袁玉林 . 任务复杂度对于二语口语产出流利度、复杂度、准确度的影响 [D]. 重庆 : 重庆大学 ,2012.

[24] 张静燕 . 虚拟环境与外语学习 [J]. 浙江万里学院学报 ,2007(11):166—168.